# 1A

## Давайте познакомимся!

**1** а) Вставьте предлоги *на, в, без, из, у, от, с*.

Александр живёт ___ отцом и ___ матерью ___ маленьком городе. Он учится ___ музыкальной школе. Александр любит музыку и часто ходит ___ концерты. Кроме того, он занимается спортом и много времени проводит ___ стадионе. Недавно он получил открытку ___ своего друга Кристофа ___ Берлина. Родители Кристофа пригласили Александра ___ Берлин. Александр первый раз проведёт каникулы _____ родителей ___ друзей.

б) Setzen Sie die oben aufgeführten Präpositionen ein.

**mit G.:** *без*, ___, ___, ___;    **mit A.:** ___, ___;    **mit I.:** ___;    **mit P.:** ___, ___

**2** Составьте предложения с глаголами *заработать v., учиться, выучить v., провести v., познакомиться v., мечтать*.

1. _____ о поездке в США.
2. _____ с русским юношей.
3. _____ играть на гитаре.
4. _____ деньги.
5. _____ каникулы у друзей.
6. _____ несколько иностранных языков.

**3** Таня пригласила Антона в гости.
На рисунке вы видите отца и мать Тани, её старшего брата, её младшую сестру, её друзей и знакомых.
Таня познакомила с ними Антона.
Скажите, с кем познакомился Антон?

⊙ Антон познакомился с отцом Тани.

Он познакомился с _____
_____
_____

1

# 1A

**4** Какое это слово?

Переведите на русский язык слова
*frei, Tochter, Geld verdienen, Unternehmer, USA, Sohn, Zimmer*.
Возьмите
от первого слова – вторую букву, от второго слова – вторую букву,
от третьего слова – первую букву, от четвёртого слова – вторую букву,
от пятого слова – последнюю букву, от шестого слова – первую букву,
от последнего слова – шестую букву.

**5** Сколько их?

Две матери, две дочери и бабушка с внучкой[1].

___
[1] Enkelin

**6** Составьте вопросы о девушках и юношах из текста учебника «Кто мы?»
Вставьте *кто? что? где? куда? кем? чем? с кем? о чём?*

1. _____ живёт Света Самойлова?
2. _____ она мечтает?
3. _____ хочет поехать Света?
4. _____ собирает Лариса?
5. _____ хочет заработать деньги?
6. _____ любит Сергей?
7. _____ он хочет стать?
8. _____ он живёт?
9. _____ интересуется Лида?
10. _____ она мечтает познакомиться?

**7** Дополните.

Виктор живёт с _____ в _____                                    родители
_____ в центре _____                                             маленькая квартира
_____ У него есть своя _____                                     большой город
Виктор мечтает о _____ юриста.                                        комната
У _____ много хобби. Он занимается _____,                        профессия
рисует и собирает _____                                               Виктор, спорт
Младшая сестра _____ Наташа хочет стать _____.                          кассеты и диски
Она увлекается _____ и _____                                     Виктор, артистка
_____ В свободное время Наташа зарабатывает деньги,                   телесериалы
потому что хочет купить _____                                         музыкальные передачи
                                                                           новая стереосистема

2

# 1A

**8** Напишите о себе.

1. Как вас зовут? Сколько вам лет? _____

2. Где и с кем вы живёте? _____
_____

3. У вас есть младшие или старшие братья и сёстры? Сколько им лет? Как их зовут?
_____
_____

4. Что вы любите делать в свободное время? У вас есть хобби? Какое (какие)?
_____
_____
_____

5. Вы уже зарабатывали в свободное время деньги? Что вы делали?
_____
_____
_____

6. Что вы собираетесь делать после школы?
_____
_____
_____
_____

**9** Что вы узнали из объявления в газете «Вечерняя Москва»?

**ПРИГЛАШАЕМ НА РАБОТУ, УЧЁБУ И СТАЖИРОВКУ В США, АВСТРАЛИЮ И СТРАНЫ ЗАПАДНОЙ ЕВРОПЫ!**

Более подробную информацию Вы можете бесплатно заказать
по адресу: 115409, Москва, а/я 45, «БУТЭК», «ПРИБОР»
по телефонам: 372-24-54, 326-19-95.
**К ВАШИМ УСЛУГАМ ТЫСЯЧИ РЕАЛЬНЫХ ПРЕДЛОЖЕНИЙ!**

# 1 Б

**1** Напишите слова одного корня.

| | | | | |
|---|---|---|---|---|
| переводчик | – *переводить* | компьютерный | – *компьютер* |
| жизнь | – | музыкальный | – |
| мечта | – | модный | – |
| работа | – | народный | – |
| продавец | – | газетный | – |
| учитель | – | технический | – |

**2** Дополните. Составьте предложения.

| Infinitiv | Präsens/v., Futur | |
|---|---|---|
| познакомиться v. | *я познакомлюсь, ты познакомишься* | *ich werde kennenlernen* |
| выучить v. | | |
| понять v. | | |
| перевести v. | | |
| переводить | | |
| провести v. | | |
| проводить | | |
| заработать v. | | |

**3** Вставьте глаголы в нужном виде.

Летом Петра _____ с русским юношей Вадимом. Вадим не _____ по-немецки, он _____ в школе английский язык. А Петра уже очень хорошо _____ по-русски. Вадим и Петра часто _____ вместе свободное время. Теперь Вадим _____ обязательно _____ немецкий язык. На зимние каникулы он _____ Петру в Москву.

по/знакомилась
сказал/говорил
выучил/учил
понимает/поймёт
провели/проводили
решил/решал
выучить/учить
пригласил/приглашал

## 1Б

**4** Образуйте формы женского рода и множественного числа.

   артист, *артистка;* артисты

школьник _____
ученик _____
учитель _____
житель _____
переводчик _____
немец _____
знакомый _____
друг _____
продавец _____

**5** Кто это?

   Андрей Петров переводит книги с русского языка на немецкий. Он *переводчик*.

Рита учится в школе. Она _____.
Мария Петровна работает в школе. Она _____.
Штефан живёт в Берлине. Он _____ Берлина.
Павел играет в футбольной команде. Он _____.
Лариса играет в телесериале. Она _____.

**6** *потому что? чтобы? поэтому?*

Андрей хочет купить компьютер, _____ он летом работает. А Игорь работает, _____ хочет летом поехать с друзьями на юг. Таня ходит на тренировки, _____ научиться хорошо играть в теннис. Рита любит смотреть телесериалы и музыкальные передачи, _____ она много времени проводит у телевизора. Феликс учит русский язык, _____ хочет стать предпринимателем и заниматься бизнесом в России.

# 1 Б

**7** Дана познакомилась с русским юношей. Она ещё плохо говорит по-русски. Помогите ей.

1. Wir lernen in der Schule zwei oder drei Fremdsprachen. Ich lerne Englisch und Russisch. Und welche Sprachen lernst du?

_____
_____

2. Sprichst du gut Englisch?

_____

3. Viele sagen, Russisch sei schwer. Was denkst du?

_____
_____

4. Ich lerne Russisch, weil ich mit Russen in ihrer Sprache sprechen möchte.

_____
_____

5. Ich möchte die Ereignisse in Rußland besser verstehen.

_____

**8** Напишите, почему вы выбрали русский язык.

_____
_____
_____
_____

# 1B

**1** Подчеркните подлежащее и сказуемое, а потом переведите.

◉ <u>Многие люди</u> <u>хотят выучить</u> несколько иностранных языков.

1. Одни хотят знать иностранный язык для своей профессии.

2. Другие много путешествуют и хотят лучше познакомиться с культурой других стран.

3. Для многих иностранный язык – хобби.

4. Переводчик Пётр Сидоров знает несколько иностранных языков.

   Он говорит по-немецки без ошибок.

5. В наши дни профессия юриста очень популярная. Она интересная.

**2** Переведите на немецкий язык.
Незнакомые слова вы можете перевести без словаря.

1. Чтобы хорошо выучить иностранный язык, надо читать газеты, слушать радио, писать письма друзьям в другие страны на их родном языке, разговаривать с ними.

2. Леонид начал учить иностранные языки, потому что ему надо было читать техническую литературу на этих языках.

3. Виктор хочет лучше познакомиться с культурой других народов. Поэтому он учит иностранные языки.

4. Когда человек знает пять – шесть языков, учить другие языки не так трудно.

5. Наташа знает уже семь языков. Она говорит, что сейчас она может за шесть месяцев выучить язык так, чтобы читать без словаря.

## 1B

**3** Переведите на немецкий язык.
Обратите внимание на перевод союза *когда*.

1. Когда Виктор учился в школе, он собирал марки и открытки.
_____

2. Когда Наташа будет учиться в университете, она будет учить французский язык.
_____

3. Игорь мечтает поехать в США, когда он заработает деньги.
_____

4. Когда Наташа последний раз была на дискотеке, она познакомилась с симпатичным юношей.
_____

5. Когда Максим делает уроки, он всегда слушает радио.
_____

**4** Найдите в тексте «Полиглоты» (упр. 1 учебника) ответы на следующие вопросы и переведите их.

1. Учёный-лингвист Зализняк знает пятьдесят языков.
Как он теперь учит новые языки?
2. Переводчица из Венгрии К. Ломб знает шестнадцать языков.
Как она учит иностранные языки?
3. Как учит иностранные языки эстонский профессор Пауль Аристэ, который знает сорок языков?

**5** Из текста «Полиглоты» вы узнали, как некоторые люди учат иностранные языки. Напишите, как вы учите русский язык.

_____
_____
_____
_____
_____
_____

# 2A
## Наши одноклассники из других стран

**1** Проверьте, знаете ли вы эти русские слова.

По горизонтали:
3) Fluß
5) wo
6) immer
7) sie (f.)
9) не утром и не вечером
10) человек из другой страны
13) он в гостях
15) Моё ... Наташа

По вертикали:
1) река в России
2) weiblich von два
3) место, где человек родился
4) имя девочки
7) он и она
8) lachen
9) человек, с которым вы дружите
11) finden
12) ganz
14) allein

**2** Вставьте глаголы в настоящем или прошедшем времени.

1. Вчера Нина (чувствовать себя) _____ очень плохо.

2. Игорь (родиться и вырасти) _____ в маленькой деревне.

3. Раньше Таня часто (смеяться) _____ над ошибками одноклассников.

4. В Германии Антон (найти) _____ хороших друзей.

5. Теперь большинство ребят хорошо (относиться) _____ к одноклассникам из других стран.

6. Лето Андрей (провести) _____ в деревне у друзей.

7. Город, в котором (жить) _____ Рита, (называться) _____ Красноярск.

8. Я не (понять) _____, что (спросить) _____ учитель, и поэтому неправильно (ответить) _____ на вопрос.

9

## 2A

**3** Переведите. Обратите внимание на перевод немецких глаголов „werden" и „halten für".

1. Was möchtest du werden?

2. Aljoscha möchte Unternehmer werden, seine Schwester Schauspielerin.

3. Rita möchte Dolmetscherin werden und Anja eine gute Journalistin.

4. Einige Mitschüler halten Anton für einen Ausländer.

5. Katrin hält Russisch für eine leichte Sprache.

**4** Как правильно?

1. Одноклассники – это школьники,   ○ которого зовут Антон.
2. Катрин познакомилась с русской девушкой,   ○ которые тоже приехали из России.
3. У Риты новая подруга,   ○ у которого раньше не было друзей.
4. Нина дружит с юношей,   ○ который по национальности немец
5. Мы прочитали текст о юноше из России,   ○ которую зовут Таня.
6. Антон, …, родился и вырос в России.   ○ которая приехала из Москвы.
7. Антон часто встречается с ребятами,   ① которые учатся в одном классе.

**5** Переведите на немецкий язык. ↗ 122

1. Мне холодно.
2. Вам не жарко?
3. Весной будет тепло.
4. Ей было не трудно.
5. Ему легко учиться.
6. Мне всё равно.

## 2A

**6** Измените предложения по образцу.

◉ Таня пришла к Кате вечером.
*Таня ушла от Кати вечером.*

1. Сергей приехал в Санкт-Петербург позавчера.
___

2. Знакомые Сергея приехали на вокзал утром.
___

3. Рита пришла на стадион после обеда.
___

4. Самолёт прилетел в аэропорт в два часа.
___

5. Наши гости пришли в шесть часов.
___

6. Через неделю к нам приедет бабушка.
___

**7** в – из, на – с?

1. Родители Антона приехали ____ Германию ____ России. Они уехали ____ России два года назад. В России они жили ____ маленькой деревне ____ Сибири. ____ этой деревни уехало ____ Германию ещё пять семей.

2. Самолёт улетел ____ Москвы в 10 часов. Через два часа он прилетел ____ Берлин.

3. Когда вы утром уходите ____ дома? Когда вы приходите ____ школу?

4. В воскресенье ребята были ____ дискотеке. Они пришли ____ дискотеку в восемь часов вечера, а ушли ____ дискотеки в три часа ночи.

**8** Ответьте на вопросы вашего русского знакомого, который интересуется Антоном. Используйте:

Да.　　　　　　　Нет.　　　　　　　Не знаю.　　　　　Ну почему!
Конечно.　　　　Конечно, нет.　　Наверно, …　　　Ну что ты!
　　　　　　　　　　　　　　　　　Кажется, …

и другие слова и выражения.

 Антон русский? – *Ну что ты! Конечно, нет. Он немец.*

1. Он давно живёт в Германии? _____
2. Наверно, его родители безработные? _____
3. Ты думаешь, мать Антона найдёт работу в школе? _____
4. Она, наверно, плохо говорит по-немецки? _____
5. У Антона есть братья и сёстры? _____
6. Как Антон говорит по-немецки? Наверно, очень плохо? _____
7. Ты понимаешь проблемы Антона? _____

**9** Передайте содержание текста учебника «Немец из России».

В тексте «Немец из России» говорится о юноше, которого зовут _____.

По национальности Антон _____, но он родился и вырос _____.

Семья Антона приехала в _____ из России _____ назад.

Его отец ещё не нашёл _____. Он _____.

Его мать по профессии _____, но она работает _____.

Антону в Германии не так трудно, _____. В школе ему _____.

Он хорошо говорит по-немецки, только иногда _____.

Поэтому некоторые ребята в классе _____. У Антона ещё нет

_____. Но он часто встречается с _____,

которые тоже _____.

# 2 Б

**1** Составьте словосочетания. Придумайте предложения.

ответить/отвечать — одноклассникам на уроке

приехать/приезжать — роль

понять/понимать — из Германии в Россию

уважать *uv.* — традиции иностранцев

по/мешать — проблемы иностранцев

играть *uv.* — на вопрос собеседника

**2** Подчеркните сказуемое с *должен, должна, должны* и подлежащее. Переведите.

Антье: «<u>Антон</u> <u>должен говорить</u> по-немецки без ошибок».
*Anton muß (soll) ohne Fehler Deutsch sprechen.*

Филипп: «Человек должен быть хорошим другом».

_____

Мустафа: «Каждый человек должен жить, как он хочет».

_____

Регина: «Иностранцы и немцы должны уважать традиции друг друга».

_____

Элени: «Отец Антона должен был больше знать о жизни в Германии».

_____

**3** Переведите предложения, в которых есть слова с корнем -дел-.

Аня: Здравствуй, Игорь. Как дела?
Игорь: Отлично. У меня теперь своё дело. Моя работа мне нравится. Я хорошо зарабатываю. А как у тебя дела?
Аня: Плохо. Моя работа мне совсем не нравится. Я делаю не своё дело. А мой шеф – настоящий бездельник. Иногда он целый день сидит без дела. Вчера я ему сказала об этом, а он ответил, что это не моё дело. Что делать? Теперь я делаю вид, что мне всё равно.

13

# 2 Б

**4** кто? у кого? для кого? кому? как? над кем? где? откуда?

_____ родился и вырос Антон?                _____ против национализма?
_____ он приехал в Германию?                _____ один раз была в гостях Элени?
_____ относятся к нему ребята в классе?     _____ национальность играет важную роль?
_____ часто смеются Юлия и Антье?           _____ не мешает, что Антон говорит не всегда правильно?

**5** Как ребята из текста «Мы и иностранцы» относятся к Антону и к проблемам иностранцев? Дополните предложения с помощью текста учебника.

1. Джордано не понимает, почему _____

2. Антье смеётся над Антоном, потому что _____

3. Хайке считает, что Антон _____

4. Филиппу не мешает, что _____

   Он против _____

5. Элени только один раз была в гостях у Зильке, потому что матери Зильке _____
   _____. Для неё играет важную роль, что _____
   _____

6. Мустафа считает, что девочки - турчанки могут _____

   А Регина считает, что иностранцы должны _____

**6** Напишите о своём отношении к иностранцам.

Я отношусь к иностранцам _____

Для меня (не) важно, что (кто) _____

Для меня (не) главное _____

Для меня играет роль (не играет роли), _____

Мне (не) мешает, _____

Мне (не) всё равно, _____

Мне (не)приятно, _____

По-моему, глупо _____

Я (за) против _____

## 2 B

**1** Подчеркните сказуемое и подлежащее и переведите предложения.

В наши дни <u>немцы</u> в России <u>получили</u> все права.

Но они не знают, что их ждёт в будущем.

Поэтому некоторые немцы уезжают из России в Германию.

Но многие хотят жить в России. Здесь они родились и выросли.

Решением проблем российских немцев занимаются вместе Россия и Германия.

**2** Переведите отрывок из интервью журналиста газеты «Европацентр» с Геннадием Ш.

— Как к вам относится местное население? _____

— Для них мы все чужаки[1]. _____

— Когда вы слышите: «Иностранцы, вон[2]!», _____

  с кем вы себя идентифицируете: _____

  с немцем или с иностранцем? _____

— Мы, конечно, немцы. _____

— Чем вы сейчас занимаетесь? _____

— Стараюсь найти работу, любую. _____

---
[1] Fremde  [2] raus

15

# 3A Наша поездка в Россию

**1** Вставьте префиксы *про-*, *пере-*, *у-* или *при-*.

Русские школьники _____ ехали в Германию по приглашению школьников из Берлина. Они _____ ехали из России в четверг вечером, а в Берлин _____ ехали в субботу утром. В удобном вагоне поезда Москва – Берлин они _____ ехали через несколько стран, _____ ехали Брест, Варшаву и другие города, _____ ехали несколько рек. Время в поезде _____ шло очень быстро.

**2** Переведите на русский язык.
Используйте *нужно* (mit Inf. v.), *не нужно* (mit Inf. uv.).

Morgen müssen wir unsere Bekannte an der Ostsee besuchen.
_____

Wir werden zum Bahnhof fahren und Fahrkarten kaufen müssen.
_____

Mein Vater muß sich erkundigen, wo wir umsteigen müssen.
_____

Meine Mutter muß unsere Bekannte anrufen.
_____

Wir brauchen kein Taxi zu nehmen, denn mein Bruder bringt uns mit dem Auto zum Bahnhof (отвезёт нас на …)
_____

Wir müssen nicht zu Hause Mittag essen, denn wir werden in den Speisewagen gehen.
_____

**3** Совершенный или несовершенный вид? Почему?

Таня живёт с родителями в Москве. В прошлом году друзья пригласили / ~~приглашали~~ её в гости в Новосибирск. Они переехали / переезжали на новую квартиру, и теперь у них в квартире много места. В Новосибирск Таня поехала на поезде. Вечером она приехала / приезжала на вокзал. По радио объявили / объявляли, что посадка на поезд уже началась.

В купе Таня познакомилась / знакомилась с девушкой из Иркутска. На следующее утро проводник убрал / убирал купе и принёс / приносил девушкам чай. Девушки много узнали / узнавали друг о друге и решили / решали, что обязательно встретятся / встречаются в Москве осенью.

# 3A

**4** Переведите словосочетания с прилагательными.

- российские немцы — *Rußlanddeutsche*

багажный вагон _____
билетная касса _____
профессиональный артист _____
телевизионная программа _____
архитектурный памятник _____

- kurze Reise — *короткое путешествие*

lange Fahrt _____
Schlafwagen _____
bequemer Zug _____
wichtige Rolle _____
interessanter Gesprächspartner _____

**5** Сравните реки, горы, города. Используйте прилагательные *длинный, короткий, высокий, красивый*.

- Эльба – длинная река,
  Рейн – более длинная река, а
  Волга – самая длинная река в Европе.

Сравните:
– русские реки Волгу, Енисей и Амур;
– русские города Москву, Санкт-Петербург и Иркутск;
– горы Альп: Монблан, Маттерхорн, Гросглокнер;
– города Европы Рим, Париж, Берлин.

## 3A

**6** Sie befinden sich in einem Zug nach Sankt Petersburg.

Stellen Sie sich Ihren Begleitern vor. Sagen Sie, wie Sie angesprochen werden wollen.
___

Sagen Sie, wohin Sie fahren und wie lange Sie bleiben wollen.
___

Sagen sie, ob Sie zum ersten Mal in Rußland sind.
___

Bitten Sie den Zugbegleiter, Ihnen zwei Gläser Tee mit Zucker zu bringen.
___

Erkundigen Sie sich
– nach der Temperatur in Sankt Petersburg,
___

– nach dem Namen des Flusses, den der Zug jetzt überquert (gerade überquert hat).
___

Fragen Sie, ob der Zug an Moskau vorbeifährt.
___

**7** В российском аэропорту вы ждёте самолёта в Берлин.
Помогите пассажирке.

– Скажите, пожалуйста, вы тоже летите в Берлин?

Вы: ___

– Можно вас спросить, каким рейсом вы летите?

Вы: ___

– Извините меня, я лечу первый раз. Помогите мне, пожалуйста.
Я не знаю, куда мне сейчас идти.

Вы: С удовольствием. Пойдёмте со мной. Нам нужно ___
___

– А когда начнётся посадка на самолёт?

Вы: ___

– Большое вам спасибо.

# З Б

**1** Вставьте прилагательные и наречия в сравнительной степени и переведите их.

|   |   |   |   |
|---|---|---|---|
| д |   |   |   |
|   |   | р |   |
|   |   | х | же |
|   | б |   |   |
|   | п |   |   |

|   |   |   |
|---|---|---|
| м |   |   |
| б |   |   |
|   |   | ше |
| р |   |   |
|   | л |   |

**2** Возразите.

○ *Москва – красивый город.*
*А по-моему, Санкт-Петербург красивее.*

1. Английский язык трудный.

2. Русский язык можно выучить быстро.

3. Лететь на самолёте интересно.

4. В Санкт-Петербурге зимой очень холодно.

5. Дунай – самая длинная река в Европе.

6. Ехать на поезде очень удобно.

19

## 3Б

**3** Вставьте наречия в сравнительной степени.

Моника: Санкт-Петербург мне понравился _____, чем Москва. Моим друзьям Москва нравится _____ Петербурга.

Штефан: К сожалению, я говорю по-русски _____, чем по-английски. Я начал учить английский язык _____, чем русский, и поэтому говорю по-английски _____.

Ирина: Я люблю утром уходить из дома рано. Утром я ухожу _____ своих родителей. _____ всех уходит мой младший брат.

Карстен: Я серьёзно занимаюсь спортом, но зимой я _____ хожу на тренировки, потому что зимой у меня _____ свободного времени, чем летом.

**4** Ответьте на вопросы по образцу.

– Новая стереосистема дороже, чем компьютер?

– *Нет, она дешевле компьютера.*

Или:

– *Нет, компьютер дороже стереосистемы.*

1. Немецкий язык легче, чем русский?

   Нет, _____

2. Сегодня учитель пришёл в класс позже, чем ученики?

   Нет, _____

3. Твоя подруга живёт дальше от школы, чем ты?

   Нет, _____

4. Твой друг старше, чем ты? (ср. старый)

   Нет, _____

5. Твой брат (твоя сестра) моложе, чем ты? (ср. молодой)

   Нет, _____

**5** Как правильно?

*осмотрели/осматривали?*

— Сколько дней вы _____ достопримечательности Санкт-Петербурга?

— Пять дней. Мы _____ Петропавловскую крепость, Эрмитаж, Пискарёвское кладбище.

*объявили/объявляли?*

— Извините, пожалуйста, я не понял. Что _____ по радио?

— По радио _____, что посадка на поезд Москва – Берлин уже началась.

*принёс/приносил?*

— Скажите, пожалуйста, проводнику, чтобы он _____ нам чай.

*опоздал/опаздывал?*

— Извините, что мы приехали так поздно. Наш поезд _____ на два часа.

**6** Прочитайте объявление в рекламной газете.

а) Найдите русские эквиваленты:

Halbpension _____

qualifizierter Reiseführer _____

_____

nationale Küche _____

Geschichte Italiens _____

_____

**ПУТЕШЕСТВИЕ "ЗОЛОТАЯ КЛАССИКА ДРЕВНЕЙ ИТАЛИИ"**

Пять знаменитейших исторических городов - 6 экскурсий, комфорт четырехзвездочных отелей, национальная кухня и безукоризненный сервис ожидают наших клиентов.
Рим, Венеция, Флоренция, Пиза, Верона. - 8 дней, 7 ночей;
- авиаперелёт С-Пб - Анкона - С-Пб;
- экскурсии с квалифицированным гидом;
- полупансион;
- все трансферы.
Вся итальянская история от этрусков до современности.
Путешествуйте вместе с нами!
Стоимость тура - 730$
Заявки и документы принимаются по адресу:
Садовая, 53, оф.38-39, тел.: 310-7800, 310-3105.

С-Пб – Санкт-Петербург

б) Ответьте на вопросы.

1. В какую страну и в какие города приглашают поехать туристов? _____

2. Сколько дней они будут путешествовать? _____

3. На чём они поедут? _____

4. Сколько экскурсий их ждёт? _____

## 3Б

**7** Вставьте существительные в нужном падеже.

Во время поездки в Москву немецкие ребята познакомились со многими _____ столицы. 5 дней они жили в гостинице в северо-западной _____ города. Во время экскурсии по Москве они были в Кремле и на Красной _____. Большое впечатление на них произвели старинные _____ и соборы на территории Кремля. Катрин и Рита особенно интересовались _____ молодёжи в России и её _____ во время перехода к рыночной экономике. Ральф хочет обязательно побывать в следующем году в _____.

Сибирь
жизнь
роль
площадь
часть
достопримечатель-
ность
церковь

**8** Наташа живёт в Новосибирске. После поездки в Москву и Санкт-Петербург она показала подругам свои фотографии. Как вы думаете, что она им рассказала?

● *На первой фотографии вы видите Кремль и Красную площадь в Москве.*

1. _____
2. _____
3. _____
4. _____

# 3 Б

9. Расскажите о своих впечатлениях от поездки в другой город, в другую страну. Используйте:

Поездка в _____ произвела на меня _____

Самое большое впечатление на меня _____

Особенно мне понравилось (-лся, -лась; -лись) _____

Больше всего _____

Мне трудно сказать, _____

Я в восторге от _____

23

# 3 Б

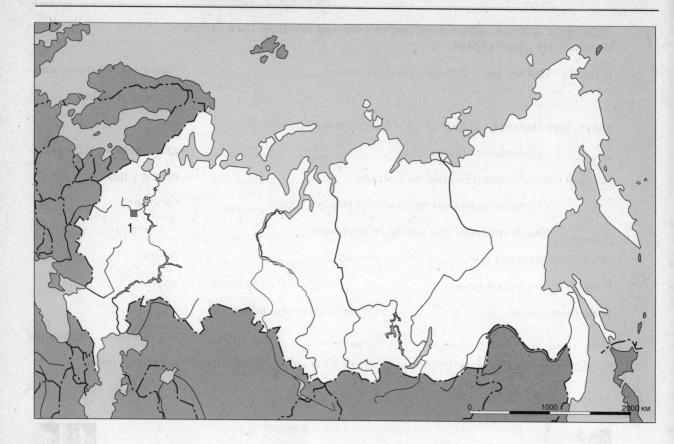

**10** Найдите на карте эти города, моря, реки. Поставьте на карте цифры.

– Г. **Москва** (1).
– Г. **Санкт - Петербург** (2) находится в северо-западной части России на реке **Неве** (3) у **Балтийского моря** (4).
– Г. **Сочи** (5) - курорт и порт на **Чёрном море** (6).
– Г. **Астрахань** (7) расположен в дельте реки **Волги** (8), в 100 км. к северу от **Каспийского моря** (9).
– Г. **Волгоград** (10) находится в европейской части России на реке Волге.
– Г. **Новосибирск** (11) находится в юго-восточной части Западной Сибири на реке **Оби** (12).
– Г. **Красноярск** (13) расположен к востоку от Новосибирска на обоих берегах реки **Енисей** (14).
– Г. **Иркутск** (15) расположен в Восточной Сибири, в 66 км. к западу от озера **Байкал** (16).
– Г. **Хабаровск** (17) – порт на реке **Амуре** (18) – расположен на Дальнем Востоке.
– Г. **Владивосток** (19) – порт на **Тихом океане** (20) – расположен к югу от Хабаровска.
– Г. **Якутск** (21) расположен в северо-восточной Сибири на левом берегу реки **Лены** (22).

# 3 B

**1** Передайте краткое содержание текста учебника «Итальянцы в Сибири». Используйте слова справа.

| | |
|---|---|
| В тексте «Итальянцы в Сибири» говорится об _____ _____. | известный итальянский путешественник |
| зовут Яцек Палкевич. В Якутии он и его спутники провели 26 _____. Палкевич побывал во _____. | он<br>день, многие страны |
| Но своё путешествие в Якутию он считает _____ _____. Путешественники проехали по Якутии 1200 _____ | самое трудное<br>километр |
| _____. Самым трудным для них были якутские _____. | мороз |
| Часто температура днём была минус 43 – 45 _____. | градус |
| В палатке, в которой ночью _____ Яцек и его спутники, | спать |
| тоже было очень _____. Но они были очень довольны | холодно |
| _____. В _____ | эта поездка, следующее |
| путешествие они собираются поехать летом. Они хотят побывать в | якутский город |
| _____. | Оймякон |

# 4A

## Музыка в нашей жизни

**1** Составьте словосочетания с прилагательными. Используйте существительные *музыкант, художник, человек, друг, стиль, концерт, ансамбль; певица, исполнительница, музыка, гитара, классика, техника; знакомые, радио- и телепередачи.*

● музыкальный *ансамбль*　　　музыкальная *классика*

талантливый _____ ; талантливая _____

близкий _____ ; близкие _____

молодёжный _____ ; электронная _____

молодёжные _____

**2** Дополните. Составьте предложения.

● записать/ *(запишу, запишешь)*/записывать музыку на кассету

выступить/ _____　　с новой программой

исполнить/ _____　　роль Бориса Годунова

создать/ _____　　молодёжный ансамбль

участвовать *uv.* _____　　в концерте

**3** Вставьте *нужен, нужна; нужны.*

Какая музыка _____ молодёжи?
У молодых людей разные мнения.
Одни считают, что молодёжи не _____
классическая музыка. Ей _____ только
рок. Другие говорят, что ей _____ и рок,
и классическая музыка. У многих рок-групп нет
своего стиля. Им _____ хорошая музыка.
Кроме того, им _____ талантливые
исполнители. А самое главное, им _____
новые, хорошие идеи.

К. Кинчев, солист рок-группы «Алиса».

**4** Напишите, что вам (было, будет) нужно в этих ситуациях. Используйте *карта города, учебник, тетради, карандаш, ручка, паспорт* и другие слова.

◉ Вы хотите на следующей неделе пойти с друзьями на концерт.
*Мне будут нужны билеты.*

1. Вы собираетесь к другу, чтобы вместе делать уроки.

2. Вы идёте в гости и не знаете, где находится улица, на которой живут ваши знакомые.

3. Вы хотите поздравить с днём рождения своего друга, который живёт в другом городе.

4. Вы хотите записать музыку, которая вам понравилась.

5. Ваша семья летала летом на самолёте в Россию.

**5** Дополните диалог между друзьями.

— _____?

— На какой фильм?

— _____

— Нет, сегодня, к сожалению, не могу. Я иду с подругой на дискотеку.

— _____?

— Завтра я свободна.

— _____

— Может быть, ты купишь три билета? Тогда моя подруга может пойти с нами.

— _____

— Прекрасно! А где мы встретимся?

— _____

# 4 A

**6** Помогите немецкой журналистке, которая берёт интервью у русских школьников.

1. Was haltet ihr von Musik (wie verhaltet ihr euch zur Musik)?
   _____

2. Welche Musik gefällt euch besser (ist euch näher)?
   _____

3. Welche Sänger gefallen euch besonders?
   _____

4. Geht ihr öfter zu Konzerten?
   _____

5. Hört ihr Musik im Radio und im Fernsehen?
   _____

6. Nehmt ihr Musik (auf Kassetten) auf?
   _____

7. Hört ihr Musik, wenn ihr Schularbeiten macht?
   _____

**7** Скажите, о чём журналистка спросила ребят. Используйте вопросы 4 – 7 из упр. 6.

◉ *Журналистка спросила ребят, <u>помогает ли</u> им музыка в жизни.*

Она спросила их, _____

Она хотела узнать, _____

Ещё она хотела узнать, _____

Её интересовало, _____

**8** Многие не считают рок искусством. А как вы относитесь к року? Напишите свои аргументы за рок или против рока.

_____
_____
_____
_____

# 4 Б

**1** Когда это было? Когда это будет?

Катя родилась в 19.. году.

(Vor einem Jahr) _____ ей было 17 лет.

(In einem Jahr) _____ ей будет 19 лет.

(In der nächsten Woche, am 20. Dezember) _____

_____ у неё будет день рождения.

(An diesem Tag) _____ она всегда

приглашает в гости друзей. (Am 20. Dezember im vergangenen Jahr)

_____

у неё в гостях было большинство ребят из класса.

(Anfang nächster Woche) _____

Ира и Нина пойдут покупать Кате подарок.

**2** Ответьте на вопросы. Используйте *талантливый, (не)честный, (не)справедливый, (не)активный, равнодушный, умный, немного глупый, красивый, очень весёлый, слишком серьёзный, необычный, популярный, молодой* и другие прилагательные.

Каким должен быть хороший друг?

◉ *Хороший друг должен быть честным, умным, справедливым, активным. Он не обязательно должен быть красивым и очень весёлым.*

Каким, по вашему мнению, должен быть хороший певец (артист)?

_____

_____

Каким, по вашему мнению, (не) должен быть хороший учитель?

_____

_____

Каким не должен быть хороший друг (хорошая подруга)?

_____

_____

# 4 Б

**3** Переведите. Используйте глаголы *стать* и *начать* с инфинитивом.

Bereits in der achten Klasse begann der populäre russische Sänger Andrej Makarewitsch (Андрей Макаревич), sich für Musik zu interessieren. Später fing er an, selbst Lieder zu schreiben. 1969 gründete er das Ensemble „Zeitmaschine" («Машина времени») und wurde sein Leiter. Die Gruppe gab erste Konzerte (begann mit Konzerten aufzutreten). Sie wurde sehr schnell berühmt. Andrej studierte am Tage, und abends trat er auf. Er wurde Architekt. Heute ist „Die Zeitmaschine" die älteste Rockgruppe Rußlands.

**4** Ответьте на вопросы молодёжного журнала о вашем отношении к музыке.

1. Как вы относитесь к музыке (к року, к классической музыке)?

2. Какие исполнители (композиторы) пользуются особенным успехом у немецкой молодёжи?

3. Есть ли у вас любимые исполнители? Кто это?

4. Знаете ли вы русских исполнителей? Каких?
   Если нет, то хотели бы вы послушать русскую рок-музыку?

5. Часто ли вы ходите на концерты?
   На каком концерте вы были последний раз?

6. Какие музыкальные радио- и телепередачи вы слушаете?
   Записываете ли вы их?

7. Слушаете ли вы музыку, когда делаете уроки? Какую?

8. Помогает ли вам музыка, когда у вас плохое настроение? Какая?

## 4 B

**1** Чтобы лучше понять текст о русском певце Шаляпине (упр. 4 учебника), переведите следующие предложения из текста. Обратите внимание на перевод выделенных глаголов. ↗ 122

1. Мальчик хорошо пел, поэтому его <u>приняли</u> в хор.
   _____
   _____

2. Когда мальчик выучил ноты, ему <u>дали</u> петь соло.
   _____
   _____

3. В театре певцу даже <u>дали</u> маленькую роль.
   _____

4. Позже Шаляпина <u>взяли</u> в хор оперы.
   _____

5. Певцам <u>платили</u> мало.
   _____

6. Шаляпину <u>говорили</u>, что он должен учиться петь.
   _____

7. Певца <u>пригласили</u> в Тифлисскую оперу.
   _____

**2** Дополните предложения. Используйте существительные с суффиксами *-ни-е; -ени-е*.

Рита любит рисовать. _____ её хобби. А Вадим любит читать. Его хобби _____. Андрей хорошо поёт, и его родители хотели бы, чтобы он серьёзно занимался _____. Но Андрей решил, что он не может серьёзно заниматься всем, чем он увлекается, потому что у него много разных _____. Родители всегда уважают мнение Андрея. Они и теперь с _____ отнеслись к его _____.

**3** Скажите, какие из этих фильмов вам знакомы и как они называются по-немецки.

### КИНО

**Основной инстинкт**
(США, эротический триллер, Ш. Стоун, М. Дуглас)

**Пианино**
(Австралия, Новая Зеландия, мелодрама, Х. Хантер)

**Полицейский из Беверли Хиллз**
(США, Э. Мэрфи)

**Список Шиндлера**
(США, режиссёр С. Спилберг)

**Три мушкетёра** (США)

**Плохие девчонки** (США)

**Неспящие в Сиэтле**
(США, комедия, Т. Хэнкс, М. Райан)

**Несколько хороших парней**
(США, Т. Круз, Д. Мур, Д. Николсон)

**Королева Марго**
(Франция, Германия, Италия, И. Аджани)

«МЫ ИЗ КРОНШТАДТА»  «ЗОРРО»
«АЭРОПОРТ»  «САНТА-БАРБАРА»
«ЧАПАЕВ»
«И БОГ СОЗДАЛ ЖЕНЩИНУ»
«ИЛЬЯ МУРОМЕЦ»
«ДРАКУЛА»

Из русского журнала «ТВ парк».

**4** Знаете ли вы русскую классическую музыку? Ответьте по-русски или по-немецки.

1. Кто автор балетов «Зо́лушка» и «Ро́мео и Джулье́тта»?

2. Кто автор балета «Лебеди́ное о́зеро»?

3. Назовите двух главных де́йствующих лиц[1] оперы Чайковского «Евге́ний Оне́гин».

4. Как зовут композитора, который написал знаменитую «Ленингра́дскую симфо́нию», и когда эту симфонию исполнили первый раз?

5. Из какой оперы композитора Глинки взята́ (stammt) музыка Гимна России?

[1] handelnde Personen

Книга – окно в мир

**1** Найдите 16 слов
(9 по горизонтали и 7 по вертикали).

| р | а | с | с | к | а | з | к | а |
|---|---|---|---|---|---|---|---|---|
| о | п | т | п | р | а | б | в | г |
| м | о | и | о | о | к | а | з | д |
| а | в | х | ч | м | и | с | к | р |
| н | е | и | т | е | л | н | м | а |
| е | с | л | и | о | п | я | р | м |
| с | т | е | м | а | у | ф | х | а |
| п | ь | е | с | а | п | о | э | т |
| п | и | с | а | т | е | л | ь | и |

**2** Составьте словосочетания.

великий — содержание
исторический — мысль
словарный — книга
краткое — роман
литературное — литература
интересная — произведение
нужная — запас
художественная — писатель

**3** Скажите, какой художественной литературой увлекаются эти ребята.

● *Саша увлекается фантастикой.*

| Саша | Лена | Антон | Нина | Миша |
|---|---|---|---|---|
| Жюль Верн | А. С. Пушкин | Артур Конан Дойл | Л. Н. Толстой | Карл Май |
| Путешествие вокруг света в 80 дней | Лирика | Собака Баскервилей | Война и мир | Виннету |

# 5 A

**4** Составьте предложения и переведите их.

я стал бы певцом.

они бы ей понравились.

Если завтра будет хорошая погода,

Если бы я хорошо пел,

Если ребята много читают,

я пойду с тобой …

мы поедем в лес.

они пишут почти без ошибок.

Если ты пойдёшь в кино,

Если бы Тоня прочитала романы Толстого,

_____
_____
_____
_____
_____

**5** Как правильно: *в том? о том? к тому? с тем?*

Мнение Карстена _____, что сказали Анатолий, Игорь и Тоня о чтении (учебник, упр.1):

– Я хочу написать, как я отношусь _____, что сказали Анатолий и Игорь. Я, как и Анатолий, люблю детективы. Но я не согласен _____, что классику читать скучно. Игорь считает, что в наш технический век художественная литература стала ненужной. Я уверен _____, что он не прав. Тоня должна была написать в сочинении _____, какие книги, а не какие фильмы ей нравятся. Я не согласен _____, что она написала правду.

**6** Выберите из упр. 1 учебника одно из мнений русских школьников о художественной литературе и напишите, как вы к нему относитесь.

## 7

Unterstreichen Sie Subjekt und Prädikat. Übersetzen Sie anschließend.

<u>Константин Паустовский</u> (1892 – 1968) – известный русский <u>писатель</u>. Паустовский – классик русской литературы. Он начал писать в двадцатые годы нашего века. Паустовский быстро стал известным. Он создал много прекрасных произведений. Паустовский писал романы, повести, рассказы, статьи[1] об искусстве. Его произведения популярны и в наши дни.

[1] Artikel

## 8

Прочитайте и переведите.

В 1964 году в Москву приехала Марлен Дитрих. В аэропорту один из журналистов спросил её, знает ли она кого-нибудь[1] из русских музыкантов, художников, писателей. Марлен Дитрих ответила, что ей очень нравится пианист Святослáв Рихтер и что она считает великим мастером писателя Константина Паустовского. Особенно большое впечатление на неё произвёл рассказ Паустовского «Телеграмма», который она прочитала с восторгом.

[1] jemanden

Напишите, что вы знаете о Марлен Дитрих.

С. Рихтер

## 9

Ответьте на вопросы.

1. Любите ли вы читать? Что вы особенно часто читаете: книги, газеты, журналы?

2. Как вы относитесь к художественной литературе? Есть ли у вас любимые писатели, любимые книги?

# 5 Б

**1** Дополните. Составьте предложения.

• выразить/*выражать*   *Все ребята в классе умеют хорошо выражать свои мысли.*

задать/_____   _____

описать/_____   _____

перейти/_____   _____

посадить/_____   _____

поставить/_____   _____

поступить/_____   _____

принести/_____   _____

**2** Измените предложения так, чтобы действие происходило в будущем времени.

Ребята на уроке писали (*будут писать*) сочинение. Девочка описала (*опишет*) один день своей жизни. Она выразила (_____) в сочинении свои мысли и чувства. Она писала (_____) весь урок и написала (_____) хорошее сочинение. Учительница поставила (_____) ей хорошую отметку. Девочка перешла (_____) в следующий класс. После школы она поступила (_____) в университет.

**3** Прилагательное или наречие?

1. Артист играет свою роль талантлив____.

   Это очень талантлив____ артист.

2. Старые друзья встретились неожиданн____.

   Какая неожиданн____ встреча!

3. Напишите кратк____ содержание повести или кратк____ расскажите повесть.

4. Миша – принципиальн____ человек.

   Он всегда поступает принципиальн____.

5. Надя – спокойн____ девушка.

   Она со всеми говорит спокойн____.

**Телеграмма**

Октябрь был на редкость холодный, ненастный. Тесовые крыши почернели.

Спутанная трава в саду полегла, и всё доцветал и никак не мог доцвести и осыпался один только маленький подсолнечник у забора.

Над лугами тащились* из-за реки, цеплялись за облетевшие вётлы* рыхлые тучи. Из них назойливо сыпался дождь.

По дорогам уже нельзя было ни пройти, ни проехать,* и пастухи перестали гонять в луга стадо.

Пастуший [...] до весны. Катерине Петровне ста[...] по утрам и видеть всё то же: [...]кий запах нетопленых печей,*

Константин ПАУСТОВСКИЙ
МЕЩОРСКАЯ СТОРОНА

## 4

Дополните предложения. Вставьте *весь, вся, всё; все*.

Из письма в журнал:

> Дорогая редакция!
>
> Недавно первый раз купили Ваш журнал. _____ наша большая семья читала его. Читали _____ вечер в пятницу и _____ субботу. Прочитали _____ номер. Нам было интересно _____: рассказы, повести и статьи[1]. Моей младшей сестре больше _____ понравился рассказ о животных, мне – статьи о молодёжи, музыке, спорте. Ваш журнал пишет обо _____, поэтому он нам нравится больше _____ других журналов.

[1] Artikel

## 5

Как правильно?

Так тоже бывает

Когда Виктория Токарева была студенткой, она уже писала / ~~написала~~ рассказы. Первый успех принёс / приносил ей рассказ «День без вранья»[1]. Когда Токарева написала / писала этот рассказ, она послала[2] его на киностудию «Мосфи́льм»[3] и в журнал «Молодая гвардия». Когда она позвонила / звонила на киностудию, ей сказали, что им рассказ не понравился / нравился. Но когда она пришла / приходила в редакцию журнала, ей сказали, что рассказ талантливый.

Журнал с рассказом появился летом, когда Токарева провела / проводила каникулы на море. Когда она приехала / приезжала в Москву, ей сказали, что ей несколько раз позвонили / звонили с киностудии, потому что они хотят сделать фильм по её рассказу, который им тоже очень нравится.

[1] Lüge  [2] schickte  [3] Moskauer Filmstudio

## 6

Найдите в рассказе «Самый счастливый день» подписи к этим рисункам.

## 5 Б

**7** В этих предложениях нет подлежащего. Подчеркните сказуемое и переведите предложения.

⦿ Русского писателя Чехова <u>спросили</u>, как <u>пишут</u> пьесы.
Man fragte den russischen Schriftsteller Tschechow (der russische Schriftsteller Tschechow wurde gefragt), wie man Theaterstücke schreibt.

1. В редакции журнала писательнице сказали, что возьмут её рассказ.
_____

2. На студии «Мосфильм» её рассказ не взяли.
_____

3. Позже ей позвонили и сказали, что хотят сделать по её рассказу фильм.
_____

⦿ Девочке <u>было трудно</u> выбрать тему сочинения.
Für das Mädchen war es schwer, ein Aufsatzthema zu wählen.

4. Для неё было очень важно получить хорошую отметку.
_____

5. Ей было интересно писать о своих мыслях и чувствах.
_____

**8** Задайте вопросы по образцу.

⦿ Девочка может выбрать тему, <u>которая понравится учительнице</u>.
Какую тему она может выбрать?

1. Она пишет о дне, <u>который она провела вместе с отцом и бабушкой</u>.
_____

2. Мы не знаем, как зовут героиню. Мы знаем, <u>что она школьница</u>.
_____

3. Она знает много слов, <u>потому что много читает</u>.
_____

4. Она не уверена, <u>что тема понравится учительнице</u>.
_____

# 5 Б

**9** Прочитайте и переведите резюме рассказа Паустовского «Телеграмма», о котором говорила Марлен Дитрих.

Автор рассказа – русский писатель Константин Паустовский. Главные герои – старая мать и её единственная дочь. Действие происходит в маленькой деревне, где одино́ко[1] живёт мать, и в большом городе, где живёт дочь. Тема рассказа – отношение детей к старым родителям.
Краткое содержание:
Мать чувствует, что скоро умрёт. Она хочет последний раз увидеть свою дочь, которую не видела уже четыре года. Но у дочери нет времени.
Она приехала в деревню, после того как получила телеграмму, что мать умирает. Но было уже поздно. И тогда дочь, у которой не было своей семьи, поняла, что ушёл из жизни единственный человек, который её по-настоящему любил.

―――
[1] einsam

К. Паустовский

**10** Напишите краткое резюме рассказа «Самый счастливый день».

План

Название рассказа: _____

Автор: _____

Тема: _____

Действие происходит _____
_____

Герои: _____
_____

Краткое содержание: _____
_____
_____
_____
_____
_____

# 6A Что такое любовь?

**1** Какие это глаголы?

| жи | ло | по | ть | ся |
|---|---|---|---|---|

положиться

| ни | яс | объ | ть |
|---|---|---|---|
| де | вы | гля | ть |
| си | про | по | ть |

| ни | пол | до | ть |
|---|---|---|---|
| би | лю | по | ть |
| ве | по | ри | ть |

**2** Запишите глаголы, которые вы написали в упр. 1, придумайте предложения.

положи́ться v.    положу́сь, поло́жишься    на кого?    на друга

кого? что?

кого? что?

кому? чему?

у кого? что?

как?

кому? что?

**3** Дополните предложения. Используйте слова с корнем -люб-.

Катя и Сергей люб_____ друг друга. Они ___люб_____ друг в друга уже два года. ___люб_____ часто встречаются. Вечером Сергей люб_____ гулять с люб_____ девушкой по городу. Иногда он читает ей стихи о люб_____.

**4** Дополните предложения. Используйте антонимы.

1. У Кирилла слабый характер, а у его подруги Зои – _____.

2. Антон считает, что у Кирилла больше положительных качеств, а у Зои _____
_____.

3. Никита спокойный, старательный, но робкий и замкнутый, а его подруга Даша _____
_____.

## 6 A

4. У Кати и Сергея общие взгляды на жизнь, а у Маши и Николая _____.

5. У Романа счастливая любовь, а у Миши _____.

**5** Переведите мнения ребят на немецкий и на русский язык.

Мирон:

Мне нравятся добрые, справедливые, мужественные люди. Не люблю эгоистов и карьеристов, для которых главное – расчёт, выгода. По-моему, им нельзя верить и на них нельзя положиться.

Elke:

Ich halte meine Freundin Diana für sehr offen und ehrlich. Sie hilft immer allen, und sie sagt immer die Wahrheit.

Meiner Meinung nach hat jeder Mensch positive und negative Eigenschaften. Ich bin beispielsweise lustig, mitteilsam, aber nicht immer entschlossen und selbstsicher.

**6** Составьте текст и переведите его.

1. Когда Мирон пришёл домой, его сестра Таня сказала, что
2. Свен сказал, что
3. Ещё он сказал, чтобы
4. Он попросил, чтобы
5. «Мирон, я хочу, чтобы

( ) ты сегодня вечером позвонил ему в гостиницу.
(1) звонил его немецкий друг Свен.
( ) он приехал в Москву на неделю.
( ) ты пригласил Свена к нам в гости».
( ) я записала номер его телефона.

# 6 A

**7** Напишите, каким человеком, по вашему мнению, должен (должна) быть настоящий друг (настоящая подруга).

Я считаю, что _____

Я хочу, чтобы _____

Для меня важно, чтобы _____

Конечно, хорошо, если _____

Но главное, чтобы _____

**8** Прочитайте и переведите, что написала в газету школьница Аня Г. и что ей ответила газета.

> Мне не нравится моя внешность. Все говорят, что я симпатичная. Но на меня обращают внимание только тридцати-, сорокалетние мужчины. А мне 17 лет, и я очень хочу познакомиться с молодым симпатичным парнем.

Из ответа газеты

> ... Знаешь, Аня, так часто бывает. Например, когда Клаудия Шиффер училась в школе, она не пользовалась успехом у одноклассников. А потом её стали считать одной из самых красивых девушек в мире.
>
> В твоём возрасте у парней часто в голове шаблоны. Ну почему ты должна быть похожа на эти шаблоны? Будь сама собой! Мы уверены, что ты обязательно встретишь юношу, который тебя полюбит.

**ДЛЯ ЖЕЛАЮЩИХ ПЕРЕПИСЫВАТЬСЯ**

Я учусь в школе, сейчас мне 15 лет. Очень хочу переписываться с шестнадцатилетней девушкой

**151 М** Мне 40 лет, по профессии — музыкант. Хочу познакомиться с симпатичной, доброй, нежной, молодой женщиной.

Мне 36 лет, рост 176 см, симпатичный, серьезный, верный, любящий, нежный. Ищу ...

**160 М** Молодой человек 30 лет, рост 176 см, ищет простую молодую женщину с похожими интересами: люблю природу, путешествия, хорошо готовлю. Звонить по телефону

**167 М** Морской капитан 44 лет, рост 182, немец, симпатичный, щедрый, ласковый, хочет познакомиться с милой, привлекательной женщиной до 40 лет с целью создания семьи. Жду писем с фотографией или телефоном. Мой тел.:

**9** Напишите, как вы относитесь к мнению газеты.

_____
_____
_____
_____

43

# 6 Б

**1** Переведите и проспрягайте глаголы. Сравните.

плати́ть *uv.*

я _____

ты _____

они _____

пла́кать *uv.*

_____

_____

_____

**2** Напишите глаголы *войти v., выйти v., обратить v. внимание, отдать v., помнить uv., спасти v.* Придумайте предложения с этими глаголами.

| | | |
|---|---|---|
| войти́ (войду́, войдёшь)/входи́ть | в комнату | *hineingehen* |
| _____ | другу жизнь | _____ |
| _____ | на красивую девушку | _____ |
| _____ | эти слова | _____ |
| _____ | из дома | _____ |
| _____ | подруге её книгу | _____ |

**3** Йенс прочитал сказку «Нос» и написал в сочинении следующие предложения. Он сделал 11 ошибок. Найдите их и напишите правильный вариант.

1. В тексте говорится о девушке, которую зовут Ира. У неё были длинные прямые волосы и карие глаза.
2. По профессии героиня рассказа была врачом, но она работала уборщицей.
3. Однажды она ехала в поезде. В одном купе с ней ехал богато одетый старый человек, который читал тонкую книгу.
4. Волшебник взял у Нины два пальца левой руки.
5. Волшебник сказал Нине, что спасёт её милого. Когда девушка вошла к своему милому, она увидела, что он ещё болен.
6. Анисим не женился на Нине. Она вышла замуж за другого юношу. Детей у них не было.

1. *Девушку зовут не Ира, а Нина. У неё* _____

2. _____

3. _____

4. _____

5. _____

6. _____

44

# 6 Б

**4** Спросите.

○ Нина приехала в другой город.
*А когда она уехала из другого города?*

Нина пришла к волшебнику.
_____?

Она пришла на улицу Правой руки.
_____?

Она вошла в дом два.
_____?

**5** Переведите.

| мужчина | _____ | женщина | _____ |
| мужской (парикмахер) | _____ | женский (парикмахер) | _____ |
| муж | _____ | жена | _____ |
| выйти замуж за | _____ | жениться на | _____ |

**6** Переведите и ответьте на вопросы.

— Степан, говорят, вы с Ольгой собираетесь пожениться?

— Не знаю. Она сказала, что выйдет за меня замуж, когда у меня не будет долгов[1].

А у меня не будет долгов только, когда я женюсь на ней.

[1] Schulden

На ком собирается жениться Степан? Почему он собирается жениться? За кого, может быть, выйдет замуж Ольга? Почему она ещё не решила, выйдет ли она замуж?

_____
_____
_____

# 6 Б

**7** Подруги Валя и Галя.

*Галя и Валя – подруги. Они совсем не похожи друг на друга. Галя высокого роста, стройная, у неё прямые, тёмные, короткие волосы и карие глаза.*

*А Валя* _____
_____
_____
_____
_____
_____

Галя   Валя

**8** На фотографии вы видите главных героев видеофильма «Привет! Приглашаем на диалог!» Мишу и Лену. Опишите их.

_____
_____
_____
_____
_____
_____
_____

**9** Опишите внешность одного (одной) из своих знакомых.

_____
_____
_____
_____

## 6 Б

**10** Ответьте на вопросы. Используйте местоимения справа.

⊙ Кем из одноклассниц интересуется Игорь?
*Он никем не интересуется.*

1. В кого влюблён Алёша?
___

2. Кто из одноклассников особенно нравится Маше?
___

3. С кем Маша танцевала на дискотеке?
___

4. За кого собирается выйти замуж Лида?
___

5. Какими предметами увлекается Марк?
___

6. Где Соня собирается учиться после школы?
___

7. Что Миша узнал о Кате?
___

ничего

нигде

ни за кого

ни в кого

ни с кем

никакими

никто

**11** Напишите, как переводится союз *чтобы*: *daß*, *damit* или *um … zu*.

Из писем в русский молодёжный журнал:

> … Когда я первый раз прочитал ваш журнал, я понял, что это „мой журнал". Я хотел бы, чтобы вы ещё больше писали о молодёжи и о любви.
> 
> Максим Г.

> … Очень хочу переписываться[1] с молодыми людьми из других стран, чтобы больше узнать об этих странах. Пожалуйста, опубликуйте[2] моё письмо, чтобы юноши и девушки из других стран могли прочитать его и узнать мой адрес.
> 
> Кира Ч.

[1] получать письма и отвечать на них  [2] ср. опубликовать

## 6 Б

**12** Что хотел за это волшебник?

Нина хотела, чтобы у неё был маленький нос. *Волшебник хотел, чтобы за это она отдала ему*

Нина хотела узнать адрес своего милого. _____

Она хотела спасти жизнь своему милому. _____

**13** Напишите, почему Нина три раза ездила к волшебнику.

*Первый раз она ездила к волшебнику, чтобы он сделал ей маленький нос.*

Второй раз _____

Третий раз _____

**14** Найдите в упр. 1А учебника мысли школьников, общие с этими мыслями.

1. У Нины была хорошая профессия, она неплохо зарабатывала. Но она чувствовала себя несчастной и очень одинокой.

   Алёша: ... *любовь - главное в нашей жизни. Без любви человек чувствует себя одиноким.*

2. Нина стала красавицей, и почти все молодые люди в городе были влюблены в неё. Но она не чувствовала себя счастливой. Она всё время думала о молодом человеке из поезда, которого она видела только один раз и который не обратил на неё никакого внимания.

   Сергей: _____

3. У Нины был огромный нос, не было двух пальцев, и она уже не надеялась найти своё счастье. Но Анисим полюбил её.

   Игорь: _____

**15** Напишите краткое резюме сказки «Нос».

<u>План</u>

Название произведения, которое вы прочитали: _____

Жанр[1]: _____

Автор: _____

Тема: _____

Где и когда происходит действие: _____
_____

Главные герои: _____
_____

Краткое содержание: _____
_____
_____
_____
_____
_____

[1] Genre

**16** Прочитайте мнение Романа и напишите своё мнение.

Роман: Сказку Петрушевской не читал и не хочу читать. Мне 17 лет, и я считаю себя взрослым[1].
Сказки – это не для меня. Пусть[2] их читают дети.

[1] Erwachsener  [2] Laßt (Sollen)

ЖИЛ-БЫЛ СТАРИК…
Сказки и басни

Три медведя _____
Лиса, заяц и петух _____
Маша и медведь _____
Красная Шапочка _____
Старик и старуха _____
Репка _____

Снегурочка – _____
Рябинка – _____
Гуси-лебеди – _____

_____
_____
_____
_____
_____
_____
_____
_____

49

# 7 A

**Каникулы в Москве**

**1** Проверьте, как вы знаете новые слова.

Кто или что это?

| | | | | | | | | т |

Что это?

| | | | | | | | ие |

Что это?

| | | | | | | | | ь |

**2** Составьте словосочетания.

город – *городские жители*  молодёжь _____

Москва _____  наука _____

история _____  промышленность _____

архитектура _____  общество _____

река _____  женщина _____

**3** Запишите в таблицу глаголы *бояться* uv., *занять* v., *посетить* v., *посоветовать* v., *потерять* v., *предложить* v., *составить* v..

| потерять (потеряю, потеряешь)/терять | время | *verlieren* |
| _____ | музей | _____ |
| _____ | план | _____ |
| _____ | место | _____ |
| _____ | плохой погоды | _____ |
| _____ | туристам показать им город | _____ |
| _____ | туристам осмотреть | _____ |

# 7A

**4** Переведите.

Московская мэрия.

1. Ira, Natascha und Roman haben einen Plan für eine Stadtbesichtigung aufgestellt. Am Sonnabend hat Roman vorgeschlagen, den Mädchen das Stadtzentrum zu zeigen. Am Sonntag hat er ihnen empfohlen, die Tretjakow-Galerie zu besuchen.
2. Die Mädchen haben die ganze Woche Moskau besichtigt. Das Wetter war schlecht, aber das störte sie nicht (sie fürchteten sich nicht vor Regen und Schnee). Sie wollten keine Zeit verlieren.
3. Die Mädchen haben Roman viele Fragen gestellt. Sie wollten wissen, wieviel Einwohner, Straßen, Plätze, Museen, Theater, Industriebetriebe, U-Bahn-Stationen Moskau hat (in Moskau sind) und vieles andere (mehr).

**5** Как правильно: *построить* или *строить*?

Гостиницу «Россия», которая находится недалеко от Кремля, _____ (hat man gebaut) в шестидесятые годы. Её _____ четыре года. Гостиницу начали _____ в 1964 году, а кончили _____ в 1968 году.

**6** Напишите, как можно сказать по-другому.

Туристы хотят

| | |
|---|---|
| побывать на Красной площади; | съездить *на Красную площадь;* _____ |
| погулять по Тверской улице; | осмотреть _____ |
| сходить в Кремль; | побывать _____ |
| осмотреть московское метро; | познакомиться _____ |
| побывать в Новодевичьем монастыре; | посетить _____ |
| посетить Третьяковскую галерею. | побывать _____ |

**7** Вы уже немного познакомились с Москвой. Дайте несколько советов своим знакомым, которые собираются поехать в Москву.

Прежде всего вы должны _____

Советую вам ещё _____

Конечно, обязательно нужно _____

Кроме того, можно _____

# 7A

**8** Вы хотите показать русским гостям ваш город или столицу вашей земли. Сделайте им несколько предложений.

Предлагаю тебе (вам) _____
_____

Давай(те) сходим (съездим) _____
_____

У меня есть ещё одно предложение. Пойдём (поедем) _____
_____

Заодно побываем _____
_____

**9** Переведите на немецкий язык, что рассказал экскурсовод[1] на Театральной площади. Обратите внимание на перевод причастий.

Здание Малого театра <u>было построено</u> в 1824 году архитектором Бове́.
_____

В театре <u>были поставлены</u> почти все пьесы русского драматурга Островского, поэтому в 1929 году около театра <u>был установлен</u> памятник Островскому. Памятник <u>был создан</u> скульптором Андре́евым (Памятник создал скульптор Андреев).
_____
_____
_____

Большой театр <u>был открыт</u> 6 января 1825 года. Огромную роль в творчестве театра играют произведения, которые <u>были написаны</u> знаменитыми русскими композиторами, такими, как Глинка, Чайковский, Мусоргский... Творчество театра <u>связано</u> с именем великого русского певца Шаляпина.
_____
_____
_____
_____

[1] Exkursionsführer

# 7 A

**10** Дополните рассказ экскурсовода. Используйте предлоги: *в, на, между, напротив, около, недалеко от, рядом с.*

Мы сейчас _____ центре Москвы _____ Театральной площади. Эта площадь находится _____ Красной площади. _____ Театральной площади три театра. Здание ___ центре — знаменитый Большой театр. Это театр оперы и балета. А теперь посмотрите направо. _____ Большим театром вы видите Малый театр — самый старый драматический театр Москвы. _____ Малого театра стоит памятник знаменитому русскому драматургу Островскому. _____ Малого театра вы видите здание Российского Молодёжного театра. А _____ Малым и Большим театрами находится здание одного из самых больших универмагов Москвы.

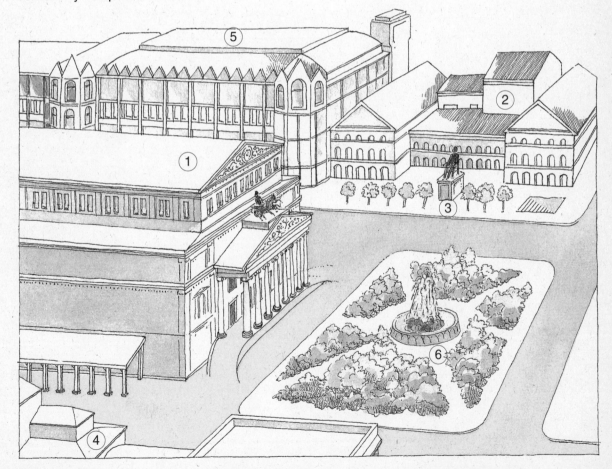

1 Большой театр   2 Малый театр   3 памятник Островскому
4 Российский Молодёжный театр   5 ЦУМ (большой универмаг)   6 фонтан напротив Большого театра

# 7 A

**11** Ответьте на вопросы собеседника.

— Памятник Островскому был установлен в Москве в 1829 году?
— *Нет, памятник установили в 1929 году.*

— Большой театр был открыт в 1853 году?
— Нет, _____

— Здание Малого театра было построено в 1804 году?
— Нет, _____
_____

— Памятник писателю Островскому был установлен около Большого театра?
— Нет, _____
_____

Большой театр.

— Большой театр построен архитектором Казаковым?
— *Нет, его построил архитектор Бове.*

— Памятник Островскому был создан скульптором Опекушиным?
— Нет, _____
_____

— Опера «Борис Годунов» была написана Чайковским?
— Нет, _____
_____

Портрет царя Бориса Годунова.

**12** Опишите одну из площадей (улиц) в вашем или другом городе Германии.

_____
_____
_____
_____
_____
_____

# 7 Б

**1** Выпишите из диалогов (упр. 1 учебника) предложения с глаголами *доехать* (1), *дойти, перейти, переехать, проехать, выйти/выходить* (3), *сесть* (1) и переведите их.

**2** In einer russischen Stadt möchten Sie zum Bahnhof fahren.
Wie fragen Sie Passanten,

- welcher Bus zum Bahnhof fährt; _____
- ob man ohne Umsteigen fahren kann; _____
- wieviel Haltestellen Sie fahren müssen; _____
- an welcher Haltestelle Sie aussteigen müssen; _____
- wie Sie zur Bushaltestelle kommen. _____

**3** Что вы спросите в следующих ситуациях? Используйте глагол *выходить*.

1. Вы едете с другом в гости. Дорогу знает только он. Спросите, когда будет ваша остановка.
_____

2. Вы хотите узнать у одного из пассажиров, сколько остановок вам нужно ещё проехать.
_____

3. Ваша остановка следующая, но перед вами[1] стоят пассажиры.
_____

[1] vor Ihnen

**4** Дополните текст. Вставьте глаголы справа.

| | |
|---|---|
| Вчера Катя _____ на вокзал. | проехала |
| Сначала она _____ на пятый автобус и _____ три остановки. | доехала |
| | поехала |
| Катя _____ до главной улицы города и сделала пересадку. | ехала |
| Она _____ на первый троллейбус и _____ дальше. | ездила |
| Через две остановки она _____ из автобуса и | вышла |
| _____ на вокзал. | пошла |
| Катя _____ до вокзала 30 минут. | села (2) |

# 7 Б

**5** Миша объяснил прохожему дорогу до вокзала.

а) Нарисуйте на плане города маршрут.

Миша: Идите прямо. Пройдите улицу до конца, сверните направо, дойдите до магазина «Книги», и сядьте на двенадцатый автобус. Выйдите на пятой остановке.

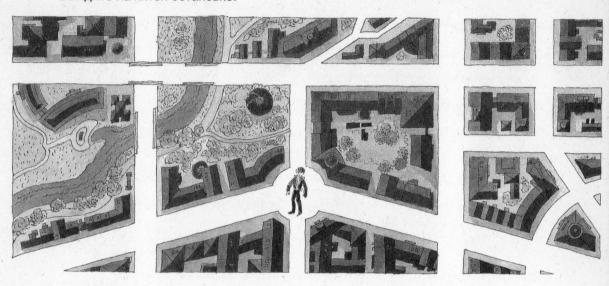

б) Объясните дорогу по-другому. Для этого измените предложения по образцу.

Вам надо идти прямо, _____
_____

или:

Вы пойдёте прямо _____
_____

**6** Вы пригласили в гости русского знакомого, который живёт в вашем городе в гостинице. Напишите ему, как доехать до вашего дома. Используйте конструкции со словами *надо, должен, можно (можешь, можете)* и т. д.

# 7 B

**1** Переведите. Обратите внимание на перевод причастий.

150 лет со дня рождения русского художника И. Е. Репина

В честь[1] этого события в октябре 1994 года в Третьяковской галерее <u>была открыта</u> выставка. Выставка, <u>открытая</u> в Третьяковской галерее, – самая большая выставка произведений Репина. <u>Были выставлены</u> более четырёхсот работ художника. Среди произведений Репина, <u>выставленных</u> в эти дни, есть и малоизвестные картины и рису́нки[2].

[1] zu Ehren  [2] ср. рисовать

И. Е. Репин
(1844 – 1930)

**2** Поставьте вопросы к выделенным словам.

◉ Кира, Наташа и Роман осмотрели картины, <u>созданные Репиным</u>.
   *Какие картины осмотрели Кира, Наташа и Роман?*

1. Картина «Иван Грозный и сын его Иван» написана <u>Репиным</u>.

2. На картине изображён <u>исторический факт</u>.

3. Художник изобразил <u>русского царя и его сына</u>.

4. Картина, <u>выставленная в Петербурге в 1885 году</u>, произвела огромное впечатление на посетителей.

5. С картиной можно познакомиться в Москве в галерее, <u>основанной П. М. Третьяковым</u>.

**3** Определите падеж числительных. Напишите их цифрами.

Площадь Московского Кремля – около двухсот восьмидесяти тысяч (_____) квадратных метров. Длина стен – две тысячи двести тридцать пять (_____) метров, высота́ – от пяти до девятнадцати (_____) метров. Стены Кремля имеют двадцать (_____) башен. Высота башен – от двадцати восьми до семидесяти одного метра (_____). Более трёхсот шестидесяти тысяч (_____) человек в год посещают музеи Кремля.

57

## 8А Поговорим о профессиях

**1** Выпишите из текста (упр. 1 учебника) интернационализмы.

*педагогический институт,*

**2** Выпишите из текста (упр. 1 учебника) слова и словосочетания к следующим темам:

| Образование | Семья | Качества человека |
|---|---|---|
| *поступить в институт* | *выйти замуж* | *не бояться риска* |

**3** Найдите 14 названий профессий.

1. он пишет книги
2. он учит детей в школе
3. он пишет для газет и журналов
4. профессия героини рассказа «Нос»
5. он рисует картины
6. он занимается вопросами права
7 / 9 /11 профессии, которые выбрали русские школьники из текста «Кем вы хотите стать?»
8. он работает в магазине
10. он разрабатывает проекты зданий, мостов и др.
12. он работает в поезде
13. она поёт в опере, на концертах
14. он занимается вопросами организации

12. **предприниматель**

58

**4** Прочитайте без словаря.
Понять незнакомые вам слова вам помогут слова одного корня или интернационализмы.

**Объявляется набор юношей на обучение специальности официанта, в возрасте от 17 до 22 лет. Возможно последующее трудоустройство. Тел. 316-50-71, с 9 до 23 час.**

**ТОО "Радио-Шанс" приглашает к сотрудничеству рекламных агентов.**
Оплата – % от сделки.
Тел./факс 352-87-40.

официант Kellner,
трудоустройство Arbeitsvermittlung

ТОО GmbH, от сделки vom getätigten Abschluß,
сотрудничество Zusammenarbeit

**5** Дополните текст.

Два года назад Валерий _____ институт, _____ кредит в банке и _____ собственный магазин. Он _____ _____ на Ларисе. У Валерия и Ларисы двое детей: сын и дочь. Лариса не _____. Она _____ домашним хозяйством и _____ детей. Молодой семье всегда не _____ денег. Поэтому, когда дети _____ больше, Лариса тоже будет работать. В будущем Валерий и Лариса мечтают _____ собственную фирму.

занимается
воспитывает
открыл
окончил
создать
женился
взял
работает
станут
хватает

**6** Переведите по смыслу на русский язык.

Ljudmila war früher oft krank. Jetzt will sie kranken Menschen helfen. Deshalb wählte sie den Arztberuf. Nach Abschluß der Schule wird sie ein Medizinstudium aufnehmen (sich an der Hochschule für Medizin bewerben). Sie ist nicht sicher, ob sie angenommen wird. Ihre Eltern sind der Meinung, daß sie nicht selbstsicher genug und auch nicht risikobereit sei.

# 8A

**7** Прочитайте и переведите на немецкий язык.

**Кем хотят стать русские старшеклассники?**

11 % опро́шенных[1] в 1994 году школьников выбрали профессию предпринимателя,

12,5 % (12 и пять десятых проце́нта) выбрали профессию юриста.

6 % хотят стать переводчиками,

7% – работать в о́бласти[2] иску́сства.

Бухгалтерами, врачами, специалистами в области техники, домохозяйками хотят стать соотве́тственно по[3] 4,5 %.

---
[1] befragt  [2] auf dem Gebiet  [3] je

6%   11%   12,5%   7%   4,5%

**8** Напишите о себе.

1. Собираетесь ли вы после окончания школы учиться дальше? Где? Какую профессию вы выбрали?

   _____
   _____
   _____

2. Какие качества, по вашему мнению, нужны человеку этой профессии? Есть ли у вас эти качества?

   _____
   _____
   _____
   _____
   _____

3. Какие профессии вы (ваши одноклассники) считаете (считают) особенно престижными? Почему?

   _____
   _____
   _____
   _____

## 1  Дополните разговоры по телефону.

1. Что сказал Влад?

Влад: *Алло?*

Борис: Да, это квартира Петровых.

Влад: _____

Борис: Риты нет дома. Это говорит её брат.

Влад: _____

Борис: Не знаю, наверно, часов в шесть. Что ей передать?

Влад: _____

Борис: Минутку, я сейчас запишу. Значит, Влад просил позвонить по телефону 567-82-34. Всё передам. До свидания.

Влад: _____

2. Что сказала Рита?

Рита позвонила Владу, но ей ответил автоотве́тчик[1].
Что Рита могла наговорить на автоответчик?
Придумайте разные варианты.

**2** Когда вы говорите по телефону, надо сначала назвать себя или место своей работы (и поздороваться¹). В упр. 2 на стр. 154 учебника «Привет 2» один из собеседников говорит по телефону неправильно. Найдите этот диалог и напишите его по-другому.

_____

_____

_____

¹ begrüßen

**3** Wie reagieren Sie am Telefon in diesen Situationen?

1. Jemand hat bei Ihnen angerufen und eine Ihnen unbekannte Person verlangt.

_____

_____

2. Sie möchten Ihrem Bekannten mitteilen, daß Sie ihn gestern angerufen haben, aber der Anschluß ständig besetzt war.

_____

_____

3. Jemand von Ihren Familienangehörigen, der gerade nicht zu Hause ist, wird am Telefon verlangt. Sagen Sie, wann er (sie) zurückkommt, und fragen Sie, was Sie ausrichten sollen.

_____

_____

Месть¹

Ночью в квартире молодого человека зазвонил телефон.
– Ваша собака громко ла́ет², и я не могу спать, – сказала какая-то женщина.
– С кем я говорю? – спросил молодой человек.
Женщина назвала свою фамилию.
На следующую ночь в квартире этой женщины зазвонил телефон.
– Я позвонил вам, чтобы сказать, что у меня нет собаки, – сказал молодой человек.

¹ Rache ² bellt

# 8 B

**1** Запишите в таблицу следующие глаголы:
*забыть v., искать uv., курить uv., надеть v., остановиться v., передать v., привыкнуть v., снять v., требовать uv.*

| | | |
|---|---|---|
| забы́ть (забу́ду, забу́дешь)/забыва́ть | кого? что? | vergessen |
| | кого? что? | |
| | что? | |
| | к кому? к чему? | |
| | перед кем? перед чем? | |
| | от кого? чего? | |
| | кому? что? | |
| | что? | |
| | что? | |

**2** Измените текст так, чтобы действие происходило в прошедшем времени.

Никита окончит (*окончил*) педагогический институт и станет (_____) учителем математики. Первое время ему, конечно, будет (_____) трудно работать. Ему не будет хватать (_____) опыта. Но Никита быстро привыкнет (_____) к своей работе. Ученики тоже привыкнут (_____) к новому учителю, который будет требовать (_____) от них внимания и хорошей дисциплины.

**3** Напишите, какие качества ценит в людях Мария (учебник, упр. 1 B).
А какие качества цените вы? Какие люди вам нравятся или не нравятся?

_____
_____
_____
_____

**4** Охарактеризуйте себя.
Какие качества у вас есть, а каких вам не хватает?
Охарактеризуйте одного (одну) из своих знакомых.

# 8 B

**5** Прочитайте текст и переведите предложения, в которых есть деепричастия.

На международном конкурсе фотомоделей, который проводился в 1994 году в Испании, первое место заняла Наташа Сима́нова из Москвы. Ей было тогда 14 лет. Увидев Наташу, менеджер известной зарубежной фирмы предложил ей работу. Приехав в Москву, Наташа рассказала, что два года будет работать фотомоделью в Нью-Йорке.
Работая, она будет учиться в школе. Наташа надеется, что, занимаясь каждый день английским языком, она быстро выучит его.

**6** Переведите на немецкий язык. Обратите внимание на перевод причастий.

1. Дмитрий Быков, <u>написавший о́черк</u>[1] «<u>Не плачь, Мария!</u>», - известный журналист. Очерк, <u>написанный им</u>, рассказывает о проблемах молодой российской интеллигенции.

2. Мария – симпатичная скромная девушка, <u>много читающая и неплохо играющая на гитаре</u>.

3. <u>Воспитанная в семье учителей</u>, Мария тоже стала учительницей.

4. Родители, <u>воспитавшие Марию</u>, уже не живут вместе.

5. Мария, <u>рассказавшая автору свою историю</u>, плакала.

6. История, <u>рассказанная Марией</u>, – это история человека, <u>не наше́дшего</u>[2] <u>своё место</u> в жизни.

[1] kurze Geschichte  [2] ср. найти (нашёл)

# 8 B

**7** Найдите в тексте «Не плачь, Мария!» подписи к этим рисункам.

_____  _____

**8** Напишите, в чём вы обычно ходите в школу зимой, а в чём летом.
В чём вы сегодня были в школе?
Что вы надеваете, когда идёте на дискотеку?

**9** Подчеркните подлежащее и сказуемое. Переведите предложения.

Предприниматель спросил, какие качества Мария ценит в людях.
Мария ответила, что она ценит в людях грубость и подлость (Gemeinheit),
и вышла из комнаты. С ней так ещё никто не разговаривал.

**10** Представьте себе, что ваш русский знакомый (ваша знакомая) увидел(а),
что вы читаете очерк «Не плачь, Мария!». Ответьте на его (её) вопросы.

Что ты читаешь? _____

Какое интересное название! Кто автор очерка? _____

А кто это Мария? _____

_____

Почему она плачет? _____

_____

_____

Как ты думаешь, что хотел сказать читателям автор очерка?

_____

_____

Тебе понравился этот очерк? _____

# Приложение

 Передайте одним – двумя предложениями краткое содержание вывески, афиши, рекламных объявлений и отрывков из русских газет.

а)

В здании „РОК-КЛУБА" на улице Рубинштейна работает маленький магазин, в котором собрана самая большая в Петербурге фонотека русского рока.
Там можно купить или заказать запись.
Заказ будет готов на следующий день.
Цены доступные каждому любителю хорошей рок-музыки.

б)

в)

г)

д)

В Санкт-Петербурге открыта международная школа.
В каждом классе этой школы учатся не более пяти учеников, в некоторых классах даже только один ученик. Программу обучения выбирают родители. Начать заниматься можно с любого месяца. Школьники – дети сотрудников дипломатического корпуса, совместных предприятий, международных организаций, находящихся в Санкт-Петербурге. Все учителя – преподаватели, учёные и педагоги университетов – получили квалификацию в Америке или в Германии. Есть классы, где все предметы изучаются на английском, немецком, французском или испанском языке.
После школы ребята могут поступить в европейские или американские университеты.

е)

ж)

Московская школьница Светлана Архипова – обычная девочка с необычными способностями – может попасть в книгу рекордов Гинесса.
За две минуты она прочитала 45 страниц книги. После этого она могла ответить на все вопросы по её содержанию.
Учёные говорят, что случаи такой „фотографической памяти" уже много раз описаны в психологии.

з)

В 1994 году температура на Земле была на 0,4 градуса Цельсия выше нормальной.
В Северной Америке, Центральной Европе и Восточной Азии было много жарче обычного. Рекордные температуры были в Центральной Европе в июле и августе.
По температуре 1994 год был очень похож на 1993 год – самый тёплый из известных статистике. А самым холодным за последние 100 лет был 1993.

и)

В 1994 году Россию посетило более 3 700 000 человек. Это абсолютный рекорд для последних лет, во время которых число иностранных туристов в России не доходило до трёх миллионов. Из России каждый год выезжает в другие страны около четырёх миллионов туристов.

Bildnachweis:
Аргументы и факты, Москва: S. 64 (Repro)
Birnbaum, P., Berlin: S. 5
Bundesarchiv, Koblenz: S. 36
Herrmann, U., Moskau: S. 19, 20, 29, 31 (2), 54, 66 (2), 67
Киноцентр, Москва: S. 45 (Repro)
Komische Oper (Programmheft 1983), Berlin: S. 54 (Repro)
Krause, A., Berlin: S. 11, 32 (Repro)
Lemme, T., Berlin: Umrißkarte S. 24
Makarov, M., Moskau: S. 46 (2)
RIA-Nowosti, Berlin: S. 17, 22 (2), 23 (2), 25 (3), 26
Русский язык, Москва: S. 37 (Repro)
VWV-Bildarchiv, Berlin: S. 23, 30, 38, 40, 57

Zeichenerklärungen:

 Dieses Symbol kennzeichnet Aufgabenangebote zur Lösung außerhalb des Arbeitsheftes.

↗ Verweis auf grammatischen Anhang im Lehrbuch.

◉ Muster

Dieses Werk ist in allen seinen Teilen urheberrechtlich geschützt. Jegliche Verwendung außerhalb der engen Grenzen des Urheberrechts bedarf der Zustimmung des Verlages. Dies gilt insbesondere für Vervielfältigungen, Mikroverfilmungen, Einspeicherung und Verarbeitung in elektronischen Medien sowie Übersetzungen.

ISBN 3-06-501019-4

1. Auflage
5 4 3 2 1 / 99 98 97 96 95
Alle Drucke dieser Auflage sind unverändert und im Unterricht parallel nutzbar.
Die letzte Zahl bedeutet das Jahr dieses Druckes.
© Volk und Wissen Verlag GmbH, Berlin 1995
Printed in Germany
Druck und Binden: DBC Druckhaus Berlin Centrum
Gestalterische Gesamtkonzeption und Illustrationen: Dieter Heidenreich
Layout: Marion Röhr
Einband: Gerhard Medoch
Redaktion: Regina Riemann